D1365045

Ben

NOS ATTENTATS DOMICILES

Catherine Poulin

NOS ATTENTATS DOMICILES

 l'Hexagone

Direction littéraire : Charles Dionne et Fabrice Masson-Goulet
Design de la couverture : Marie Tourigny
Maquette intérieure et mise en pages : Yolande Martel

Catalogage avant publication de Bibliothèque et Archives nationales du Québec
et de Bibliothèque et Archives Canada

Poulin, Catherine, 1983-
    Attentats domestiques
    Poèmes.
    ISBN 978-2-89648-087-6
    I. Titre.
PS8631.O778A87 2015   C841'.6   C2015-941545-4
PS9631.O778A87 2015

ÉDITIONS DE L'HEXAGONE
Groupe Ville-Marie Littérature inc.*
Une société de Québecor Média
1010, rue de La Gauchetière Est
Montréal (Québec) h2l 2n5
Tél. : 514 523-7993, poste 4201
Téléc. : 514 282-7530
Courriel : vml@groupevml.com
Vice-président à l'édition : Martin Balthazar

DISTRIBUTEUR :
Les Messageries ADP inc.*
2315, rue de la Province
Longueuil (Québec) j4g 1g4
Tél. : 450 640-1234
Téléc. : 450 674-6237
* filiale du Groupe Sogides inc.,
  filiale de Québecor Média inc.

L'Hexagone bénéficie du soutien de la Société de développement des entreprises
culturelles du Québec (SODEC) pour son programme d'édition.
Gouvernement du Québec – Programme de crédit d'impôt pour l'édition de livres
– Gestion SODEC.
Nous reconnaissons l'aide financière du gouvernement du Canada par l'entremise
du Fonds du livre du Canada pour nos activités d'édition.
Nous remercions le Conseil des arts du Canada de l'aide accordée à notre programme
de publication.

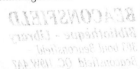

Il faut pouvoir continuer,
même si les ruines se multiplient comme des lapins
et s'installent dans nos demeures.
Il faut pouvoir arriver à tout faire sauter
à feu et à sang
puis enjamber.

ROLAND GIGUÈRE

PLÂTRE DE PARIS

Insonorisez un mur en clouant
du panneau Sound Stop
de ½ po d'épaisseur
sur la surface existante.

Augmenter la densité

derrière la laveuse la sécheuse le frigo le four le
        micro-ondes
électroménagers en rang d'oignons en file indienne
        en infanterie
autant d'électricité en un pan de mur de rien du
        tout   autant de
si le corps silence les bras en croix   soudain la
        haute tension

Sceller les passages d'air

derrière la cuisine moderne démodée
du plâtre de Paris vit encore
bloc de poussière de roche
les armoires sont le véritable miracle
une couche de peinture blanche fini mat
pour cuisine et salle de bains

Absorber le bruit

le pain ranci dessous puis derrière
t'entendre encore mieux passé 20 h 30
t'entendre encore mieux quand l'oreille
son pavillon siphonnant le mur
épaule disloquée sur le comptoir en angle inventé
tête torticolis œil droit clos

Isoler les ouvertures

charrie les meubles
charrie ribambelle les objets lourds
lentement charrier
des bouts de syllabes
des phrases imponctuées

jusqu'au tintement

Injecter la mousse

tous les sons supposés sous la cloche à gâteaux
les yeux aspirateur central quatre révulsions
beaucoup de chaises dans la salle à manger
beaucoup d'espace de rangement
beaucoup de comptoirs au cas où
frigo beaucoup de glaçons pour une famille de quinze
quelques entrailles sur le plancher   *party* pour un

Fixer les panneaux de plâtre

tu es mon écran télé incurvé panoramique
tu es le monstre à l'envers du garde-robe
tu es tout le reste à l'autre bout de mon corps
et je m'abîme   l'épicentre en hologramme
et je m'immobilise quand tu renifles longtemps

Atteindre 46 STC

j'ignore la disposition de tes pommettes
de tes arcades sourcilières de ton nez
si j'entends ta toux dans la rue ton grésillement
aucun retournement   je changerai de trottoir
je m'abstiens du mur depuis trois jours
mais je connais toutes tes heures derrière

FAUTEUIL

La technique de la double-coupe
vous permet de rendre
le rapiéçage
virtuellement invisible.

Démontage

fauteuil bras mangés épandage des corps
les taches de graisse les résidus
râles d'odeurs dans le gorgoton
les capitons du dossier martyrisent rauques
le débourrage continu des miettes séchées

deux mille strates de ronds de sel en sachet

Guindage

peur bleue la vraie de vraie quand ses contours
dans le fond du noir de la chambre
quand ses chairs s'aggravent en souvenirs difformes
je récidive l'enrubannage de nos cœurs-momies
les quatre pattes ébrouant toujours plus
la poussière en chocs électriques

puis tes doigts   en effleurement
sur ses fleurs fondues

Cloutage

faut pas les réveiller tu disais
faut laisser macérer les ombres anciennes
faut enterrer les couinements des images emmêlées
    dans le tissu
éconduire les rituels des souvenirs sur le trottoir
et brûler la sauge chez IKEA

Façonner les bourrelets

prie-Dieu en pénitence probablement
les tibias s'enfoncent dans le tapis
comme dans l'ancien temps   fauteuil-genoux
l'ombre des cubitus sur le dossier
et les jointures qui blanchissent
sous le serrage de lèvres
huile de coudes précisément

Effectuer la mise en blanc

de mère en fille la patine
quand s'exauce le remixage de l'enveloppe rituelle
fauteuil héritage d'une matrice inventée
après coup les ressorts en plein front
la tension indélébile soudain presque éborgnée
la défenestration après chaque mise en terre

Coudre le point de fond

vois-tu ma terreur mon visage placardé
la descente d'escalier l'inévitable duel
les coulisses brunes   fauteuil-peur-de-cave
le congélateur la pièce d'en arrière   courir
troisième marche s'enfarge le paquet de viande hachée

tous les autres meubles ne crieront jamais assez fort
sauf le bain

Faire la mise en crin

les mémoires brûlées vivantes autour du bain sur pattes
toujours froid trop longtemps avant la fumée des peaux
tout le reste emprisonné dans les cercles jaunes sur son
    corps
à confesse sur ses coussins à genoux sur la table à café
les géographies familiales en éclaboussures sur les
    murs-méduses
l'écho des trous de clous   maison-crucifix   maison-
    gigogne
es-tu game de dormir dans le sous-sol toutes les portes
    ouvertes

Terminer le recouvrement

j'ai vu tes genoux loucher trop longtemps
pour ne plus savoir tes yeux
je connais à l'infini toutes les comptines de ses
      doublures
je tairai tout à tout le monde
j'estomperai le réel quand la famille inquisitrice

mes rotules grelottent encore plus
depuis le soir des vidanges

REVÊTEMENTS

Les ponceuses à courroie conviennent
à la plupart des travaux
qui exigent que l'on enlève
rapidement et grossièrement
de la matière.

Injecter de l'adhésif sous le papier

carnage chambre à coucher papier peint en chien de
    fusil
grands hérons s'éparpillent rizières texturées rayons
    nippons
les naseaux en éventail pulvérisent 45 janvier en pelures
    de colle
nos veines frontales palpitent la sueur en accord
    complet   ricochent
plus rien n'existe sauf nos danses
    parallèles   mimétismes tutoriels
et la radio sainte mère des bruits
    blancs   poumons   s'épanche l'air

Ajuster très précisément le motif

dernier pan de mur les bras arabesques
    maniaques   flaques d'écume
perforent aspergent grattent   de bas en
    haut   dissolvent retirent
égrainent les bouts   scalpent sec   casse-brindilles
    les langues
puis panne électrique   vingt orteils statue de sel
    circulation globules
un grattoir dans chaque main   créatures les
    spasmes s'éparpillent silence
jusqu'à tourner de l'œil nos haleines s'entrechoquent
    grafignent les aigus
jusqu'au nid de serpents éventré dans le fond du
    garde-robes   Ô rétines

Replier les bords

à s'y rompre le cou damier noir et blanc influence ska
à s'y ronger les dents quand la craie s'épuise avant
    demain
la batterie de cuisine goulue de tous ses bras chaque
    carreau
les armoires en grande souillure ventre à terre langue
    blanche
volée de portes ailes de bernaches contre-plaquées
je les arrache cabinets manchots   l'effondrement
    hémoglobine
de tous les plats de plastique   le désespoir des
    couvercles

Faire une entaille

tronçonner les verres par douzaines fabriquer
    l'embarcation
réfugiés radeau pâte à bois boucher tous les interstices
bredouiller des sentences l'écho à l'envers   maudire
    le comptoir
ramasser les gros morceaux avant que la visite arrive
recommencer demain jusqu'à rameuter le fleuve

Appliquer une solution aqueuse

les mots d'hier crépitent toujours depuis le tapis du salon
leurs négatifs en léchures sauvages sur les planches
    d'érable
chaque glissement d'orteils en marée haute dans
    l'œsophage
contorsions stomacales les nœuds champêtres mille
    bouches béantes
boucher les yeux les oreilles le nez les chaudières contre-
    attaquent
laver à petite eau pas abîmer savon doux le beau planche
trois traitements de Teflon pour faire taire toutes nos
    salives
sablage vernissage nouveau tapis fibres naturelles
toutes nos têtes perlent maintenant à la surface

Découper le revêtement

devine combien de couches de vernis
sur le bureau dans le boudoir devant le calorifère
quelques ongles affilés et les griffures douces et lentes
le bois s'aperçoit en fleuve sous la glace un fossile
le renfoncement des deux lacs secs plein centre
les empreintes de deux fesses de plomb
deux fesses tombées de quinze étages jusqu'ici
puis plus rien   que les raclures de lits de punaises
les écoulements cachés les auscultations superflues
tire-langue un chat écarte-lèvres un chat lumière-
     tympan un chat
tapis-Velcro   index perpendiculaire   lèvres
     horizontales

Installer la broche

des bouts verts entre les losanges de la clôture Frost
les tiédir entre les doigts puis renifler les bribes restantes
treillis métallique à rabais on s'esquive on se délimite
le dos des cabanons en bardeaux de cèdre pour faire
    beau
grand lac de gravelle avec des cœurs-de-Marie tout
    autour
modules lunaires couleurs pétaradent   est ouest et sud
notre pointe nord calvitie humide venteuse tout le temps

Marquer la distance entre les poteaux

l'ensemble de patio le pâturage dépareillé
le roux envahissant ça prend l'eau ici et là
chaises blanches tachées comme pisse partout
carré de sable géant   litière pissenlits hamac perdu
les gerçures des ouï-dire tout le tour de nos têtes
nous étions les guenilloux sans pergola ni BBQ
étranges apparitions dans une cour à scrap vide

Clouer les nouveaux panneaux

vingt mille dollars cinq ans plus tard
nos marches cathédrales n'émeuvent plus que le gazon
San Francisco crie notre déroute en L contemporain
quand le nôtre rond et traité au cuivre alcalin
    quartenaire
la piscine hors terre dramatisant la défaite stylistique
auréolant nos pieds de boue   les rosiers sentent le
    chlore
toile bleue Caraïbes trouées d'où s'écoulent nos
    légendes

SALLE DE BAINS

Les porte-serviettes, porte-savons et
autres accessoires de salle de bains
se détachent parfois des murs,
surtout s'ils sont mal installés
ou mal supportés.

Couper l'eau

la salle de bains changera de nom
deviendra pantry gargantuesque
le plan les devis les ratures staccato
l'armement chimique rue déjà dans le box
jockey de papier bulle
j'ignore encore la façon des étriers

Briser le mortier

chaque mouvement du rideau de douche
chaque bleu sur le genou droit
rebord du bain   tranchées   nos meurtrières
toutes les étreintes évadées depuis cent deux nuits
rouleau de papier quadrillé serré sur la chamade
s'endormir sur le tapis

Pratiquer des avant-trous

mille étagères murmureront les nœuds
deux échelles en bois de rose sur roulettes
tabouret deux marches antidérapantes
tablettes coulissantes fermeture en douceur
des centaines d'épices orphelines scellées
mélange du trappeur mélange des aborigènes
yuzu en poudre fèves tonka réglisse pulvérisée
contenants transparents fines herbes tête en bas
lumières encastrées tout voir tout le temps   vertiges

Jointoyer l'endroit

je prends mon pouls sur le Gyproc
sur les boîtes de céramique stagnantes
thermomètre sous la jupe des cloisons bâches
tous les murs me corsètent la furie des veines
cathéter   ampoules fluocompactes

Retirer l'écrou

rétines duplicata millier d'heures l'Être gavage
deux éviers deux pharmacies deux porte-serviettes
synchronie des membres depuis l'axe de réflexion
tous les ensembles de géométrie du secondaire
maître chez soi à grandes mesures d'appareillage

Arracher la plaque décorative

étirer les doigts faire craquer les jointures
ventilation poussière humide collée grasse   sonore
manger les savons   éviscérer les tubes pâte à dents
arracher les cadres les porte-serviettes
roulements d'omoplates coups de botte sur les murs
dynamiter toutes les couleurs jusqu'aux trous
tes yeux au sol en morceaux effilés
cracher creux les cent deux nuits d'épaules en bouteille
fantasmagorie garde-manger walk-in bu à la lie

PROTECTION CONTRE LES INTRUS

L'éclairage et l'aménagement paysager
peuvent influer sur la décision
d'un cambrioleur de s'intéresser ou non
à votre propriété.

Enfoncer des vis dans la glissière

à double tour sur deux mille pieds carrés
dispositifs à clés pour retenir l'effort guillotine
les coulissantes muselées bâillons bois baguettes

Ôter les pattes exposées

blocs de verre au sous-sol luminosité aquatique
aujourd'hui barreaux métal
la cerise   et l'onction du bunker

Câbler l'interrupteur

sinon l'intrusion souple aérienne d'une excroissance
sinon parmi nous endormis sans aguets nos armes molle
protège-moi jusqu'à l'impossible retour dehors quand
    mes pieds

Brancher la minuterie

du bruissement l'autre bord des murs de la couche
la troisième planche secoue son échine lustrée
      marmonne
fait chigner les clous entre deux rêves   réveille le frigo

Installer des barres

glissements de Phentex comme susurre doux
      l'envahisseur
je sais l'autre présence dans la grotte
j'entends son ombre

Régler le détecteur

erreur de programmation système central
une anomalie intrusion indétectée
quadruple contrôle qualité la veille pour rien

Installer le projecteur

ça rode dans l'enceinte nos corps fusionnent le matelas
      sueur surie
les détecteurs dans le salon refusent le halo si bien
      qu'aucune silhouette
ne se projette dans le corridor   l'instinct du pire

Modifier la configuration du barillet

cesse cesse le respire les yeux en dévorance folle le
    visage
la chair de poule innerve la tapisserie ses textures
    s'affolent
l'air se froisse à l'autre bout du corridor abri nucléaire
    pourri

Marquer le centre

lampe de chevet bronze défense n'importe quoi sauf
    mes poings
rictus ralenti fondu recul de têtes sourcils froncés
    pupilles débordent
la maison paumes retournées rien de plus que nos
    deux corps débiles

Pratiquer dans le jambage

violemment tout ce qui peut s'ouvrir
pupilles diaphragme
radiographies de tous les pores

Fixer le ferme-porte

inventaire de toutes les cachettes
déchirure des coutures
crevaison de tout ce qui contient

Régler la vitesse

puis tordre les intestins
les essorer au passage des pièces
dos au mur

Installer le judas

tout chuchote postillonne se déplace pointe du doigt
carrousel de chevaux fous chaque soir une ronde
les issues barricades la commode devant la porte

Attacher la chaîne

mais nous n'avons jamais rien de plus à noter au petit
    matin
sauf les insectes morts
sur le plancher et sur nos mains

FISSIONS

Les réparations les plus fréquentes
sont l'obturation des lézardes
et la correction des dommages
superficiels.

Préparer le petit trou

corridor boîtes sans fin relents carton et papier collant
classement Tetris compartiments deux JE
    s'exponencient
chargement rectangulaire   ou carré   ni trop
    lourd ni trop rien
amoncellement cochonneries les fièvres électrogènes
Trucs à donner aux pauvres

Découper la zone

par-dessus bord tous nos objets sutures
laids   orphelins
ton divan mon lit mes tables de cuisine tes tapis
    charité-vidanges
repartir à neuf en grande pompe l'éruption de notre
    in extremis
à *broil* les épidermes raconteront le flash
    thermique   les fleurs demain

Uniformiser la réparation

annulaires encerclés sobre la débauche couronnement
    bientôt
la maison-récipient   arracher toutes les langues sales
    les corneilles
porter à bout de bras les restants méticuleux nos JE dans
    le camion
tiens bon coéquipier-coéquipière les fissures pourriront
    derrière
NOUS Victoire aux pieds drapés de nappes antitaches
    SUBJUGUERONS

Ôter les briques

quartier feuillu fleuri soupe d'enfants et canidés
c'est la petite brune deux étages au bout du S
pancarte urbaniste approbation des travaux
    T-E-M-P-L-E
nous nous gavons de toutes les ratures sur la liste À *faire*
notre refuge après le bureau est un immense chantier

Couper le giron

les échardes font encore rire nos épaules
accidentent nos os
aujourd'hui tes frères s'esquintent à sabler le patio
demain deuxième bataillon la capitulation des comptoirs
de l'évier de l'îlot octogonal de la mélamine crème
pestilence haut-le-cœur nos enfances   coup de hache
look industriel en spécial chez notre quincailler préféré

Enlever les débris et saletés

bricolons un nid grignotons nos ombres
que nos raccords pulmonaires s'emplissent de parcelles
    de nous
marchons plan quinquennal notre amour abrégeons
    tous les murs
les survivances des anciens habitants leur mauvais goût
enterrons l'écho de leurs simagrées lambrissons leurs
    mots
frottons sans relâche leurs soupirs avant que l'œuf
    parmi nous

Échantillonner l'air intérieur

traînasse grand lac corps nourricier et l'agonie du sous-s
attentat-escalier chaque marche pour me rappeler
le souffle champignon jaloux rauque de la maison
l'encerclement asphyxie entre les joints déconfits
les murs enflent sous la cellulite l'infection se
     répand   caillot
grande marche interrompue depuis le troisième JE
les sacs de mélange à ciment écrivent un putsch depuis

Coucher les barres d'armature

la portée s'échafaude de neuf à cinq parmi ses
     congénères
pendant que OUI réintroduire fierté dans salle de lavage
les marteaux les truelles le latex les deux par quatre
gommage des craques ponçage rude des peaux de
     carême
à s'entêter les sueurs à perdre jusqu'aux orteils dans le
     drain
à fulgurer la tempête de feu à s'ériger équipe
     apocalyptique

chaque racoin amélioré célèbre notre engendrement

Creuser une tranchée

j'ai brûlé une robe de mariée ce matin dans la cour
relief plate-bande aucune tondeuse que la maison-
     tribunal
toutes les photos du tissu en tisons cyclone innomé
bien retenu dans le foyer extérieur pierres-volcan
normes municipales cheminée sécuritaire aucun
     incendie

à part le mien à chacune de tes absences le soufflet
     s'emballe
à chaque errance son objet sacrifié aux petites heures
remplacement harmonieux de toutes les ondes de choc

Niveler la surface

nous sommes l'imprimé des silhouettes nucléaires
pulvérisés sous la chimie renouvelable de nos trous
tous nos os rassemblés irradient névrose tanguent la
    maison
trois de nos sillons explosent leurs muscles manœuvrent
tous les outils de nos années pour parfaire le cabanon

Verser dans le trou

les coquilles tombées de l'autre côté du muret sans
    foulure
je creuse un étang de toutes mes mains sableuses
    électriques
quatre carpes lui pousseront dans le ventre intestins-
    algues
je m'échouerai quelque temps enroulée dans toute
    ma chair
me secouerai à l'ombre des voisins et de tes yeux
    galvanisés

Remplacer la maçonnerie endommagée

nos héritiers grande cavale chambre du haut dévastée
chirurgie esthétique murs défoncés je serai massue
    grandiose
mur porteur à l'ouest mur catastrophe à
    l'est   agrandissement
ton bureau ton alcôve à toi j'habite tout le reste de la
    jungle

Convertir les dimensions

les cimaises arrachées à coup d'ongles les éclats de
    taches
tout nouveau tout beau se love le lambris polyuréthane
perceuse clous de finition niveau laser banc de
    scie   maillets
dimanches incandescents tous les métiers approximatifs
appris par cœur et les beuveries de sciures tout le tour

Nettoyer soigneusement la surface

le plafond ne nous arrache plus les cheveux depuis
    quelques jours
les poignées de portes ne dévorent plus nos bouts de
    doigts
l'enclenchement de la troisième phase phosphore nos
    protège-genoux
jusqu'à la pancarte devant les mille et une caries dans
    sa bouche métal

Placer le ventilateur

avons déguerpi gencives à tout fendre
après la signature du traité
cul sec des terreurs auriculaires
toutes nos séquestrations s'abîmaient le visage par terre
tous nos fantômes fuyaient des robinets jusqu'à nos pieds

ce qu'il nous reste   dans un condominium
autant de moineaux que peuvent nos mains
et cent cinquante tubes de colle contact
dans une boîte à souvenirs

Épilogue 1

quatre médaillons superposés tes visages indécodables
assemblage de traits diffus dans le ménage des guenilles
généalogie appliquée identification Post-it jaune et rose

Épilogue 2

chacune de tes navrances déchire la peau sur tes cuisses
projettent la flaque sous tes pieds
un bain un banc l'eau tiède le savon dans tes yeux deux
    genoux
mordre les omoplates babouches éventrées apercevoir la
    céramique

Épilogue 3

ta chambre-appartement la porte quarante tours tirer
    la chevillette
le marbre sur la table à café coin gauche s'effrite
    cadeau de mariage
homme-moustache au-dessus du lit-automate mari
    qui depuis   depuis
commode boîte à bijoux   bibliothèque mille et un
    guides de rénovation
ta tête éclate tous les outils oubliés derrière les murs
    d'une maison

DÉCONSTRUCTION

Lorsque la maison se tasse,
il arrive souvent que
des fissures apparaissent
dans les plaques de plâtre,
généralement aux joints
entre deux plaques ou entre
le mur et le plafond.

Appliquer le décapant

à partir de maintenant
la déconstruction
jusqu'à la repousse des poils

Abaisser l'étrier de suspension

9 h 35 pose de fenêtre triple vitrage cafetière marée haute divan mains genoux les murs ondulent puff de gaz apesanteur à part moi le corps échoué béluga   JE suis un cri stomacal l'explosion et la terreur des ouvriers

Casser précautionneusement

réveil cacophonent les guêpes et le mauve des pigeons
les cadres en aluminium dégrossés des
    reflets   génuflexions
les murs et la chute des dents   bourrasque d'haleine
la pile de volets me sert de niche   je m'endors écureuil
et ainsi de suite jusqu'à mes pupilles

la digestion des portes

Neutraliser l'acide

plus aucun mythe n'habite mon ventre tu verras
depuis l'arrachement des pétales et la convulsion des
    comptines
les gonds les ressorts les boulons en tas disséminés
    comme pollen
aucune étiquette aucun pot de yogourt vide   simples
    projectiles
la découpe des fils du système d'alarme en
    bonshommes allumettes
se disperse la crémation des portes   et pourtant
    personne

Retirer graduellement la pellicule

en Indien nue dans la chambre d'amis
je ne m'habille plus depuis l'ouverture des trous
la couverte flanelle les rideaux motifs forestiers
le plancher flottant embossé la douceur infinie
plastique le matelas feule l'oubli sous l'emballage
odeur de char neuf et de lampions vierges

Couper la pièce de métal

je salis toutes les surfaces en inox
saccage d'orteils de langue de doigts sur métal brossé
tu déambuleras hagard mes éléments de preuve
ramasseras les méfaits et m'interrogeras jusqu'au sang
je n'ai plus besoin de Ventolin depuis l'éventrement
sache-le

Jeter les solins

mon phare dans la nuit
une lumière bleue d'outre-tombe
l'horloge sur la machine espresso
si je la débranche
pourras-tu

Enlever les garnitures

je rampe longtemps je retire les pas-de-porte
gossés langueur dans du bois certifié tropiques
sélectionnés sacrements avec tous les petits oignons
        grelots
tu clouais tête carrée nos aïeux je positionnais l'ardeur
je n'avais qu'à déployer mes ongles-cloportes en leviers
aujourd'hui   un formidable tipi dans l'entrée pour
        les chats

Enlever les raccords rouillés

je nous ai bricolé des bijoux de corps
en cueillant des artefacts imitation fer forgé
j'ai invoqué toute la carrosserie du domaine
j'ai égratigné beaucoup les sons en pseudo-danse tribale
je n'ai jamais été aussi boréale que maintenant

Briser le joint d'étanchéité

puis le son de tes pieds
le corridor en sous-bois
nos visages en guirlandes
des bouts de mon corps
sous les décorations de Noël
aucun membre sacrifié
grand soin de manger toutes les mines
en grande finale   une chaudière
pour la dégoulinante dans la cuisine
jauge à la main   puis mon aisselle

Retirer le cœur de l'échangeur

j'ai arraché tendrement
les 94 planches de cèdre de la cuisine d'été
les ai replantées dans la cour
pour le feuillage la literie en coton égyptien
300 fils au pouce pour les nervures
dans mes cheveux les vers de terre

Comparer la couleur de la flamme

la maison
est un centre d'achat en feu
tous nos animaux en escalade sur mes flancs
en plein milieu de la rue comme une béatitude
je suis toutes les épinettes rousses sur le bord de
    l'autoroute
te souviens-tu du vert des feuilles avant l'orage
tout est là
de l'autre côté de la ligne de camions
l'averse diagonale

Cet ouvrage composé en Electra a été achevé d'imprimer au Québec
le quinze septembre deux mille quinze sur les presses de Marquis Imprimeur
pour le compte des Éditions de l'Hexagone.